Genussmomente

ORIENT

EIN BUCH DER
EDITION MICHAEL FISCHER

INHALTS-VERZEICHNIS

GRUNDLAGEN

SO SCHMECKT DER ORIENT

Orientalische Küche – das sind kulinarische Köstlichkeiten aus Nordafrika und dem Nahen Osten, die sich durch eine aromatische und frische Art zu kochen auszeichnen. Mit ihren duftenden Gewürzen, viel Gemüse, knackigen Salaten und frischen Kräutern sind die Gerichte leicht und gesund, sodass jeder Gast sogar nach einer opulenten Mezze-Tafel trotzdem nicht träge und satt, sondern munter beschwingt nach Hause geht. Viele frische Zutaten, etwas Fleisch, Hülsenfrüchte wie Bohnen und Kichererbsen, dazu gesunde Fette wie Olivenöl, Nüsse und Saaten machen die Küche des Orients zu einer ausgewogenen und vor allem nährstoffreichen Küche.

JOGHURT & KÄSE

Joghurt bildet nicht nur die Grundlage vieler Dressings, Saucen oder Dips, sondern wird gerne auch einfach so zu Speisen gereicht. Ideal ist griechischer oder türkischer Joghurt mit 10 % Fett. Da in den kargen Regionen des Nahen Ostens häufig mehr genügsame Ziegen oder Schafe anstelle von Milchkühen gehalten werden, wird dort Joghurt und Käse auf deren Milchbasis hergestellt. Wer möchte, kann Kuhjoghurt darum ruhig einmal durch Ziegen- oder Schafskäsejoghurt ersetzen. Die typischen Schaf- oder Ziegenfrischkäse in Salzlake findet man in verschiedener Form in türkischen Lebensmittelgeschäften, aber auch griechischer Feta passt hier perfekt.

TAHIN

Das cremige Mus aus gemahlenem Sesam ist wesentlich für die orientalische Küche: als Grundlage von Saucen, Marinaden, (Hummus-) Dips und Tahina, dem schlichten Alltagsdressing aus Tahin, Knoblauch, Zitronensaft und Wasser. Man bekommt Tahin inzwischen fast in jedem Supermarkt oder Bioladen und hat oft die Wahl zwischen hellem (aus geschälten Samen) und dunklem (aus ungeschälten Samen) Tahin, der etwas herber, nussiger schmeckt. Unbedingt darauf achten: Manche Sorten enthalten bereits Salz, darum hier eventuell später sparsamer würzen.

KORIANDERGRÜN

Das intensiv riechende Kraut wird umgangssprachlich auch als „Arabische Petersilie“ oder „Wanzenkraut“ bezeichnet. Zum einen, weil es in der orientalischen Küche ebenso verschwenderisch als Allroundwürze verwendet wird wie bei uns Petersilie. Zum anderen, weil der etwas spezielle, leicht seifige Geruch und Geschmack nicht jedermanns Sache ist. Es sollte daher immer möglichst frisch und ungekocht nur zum Bestreuen verwendet werden. Zum Aufbewahren am besten büschelweise in feuchtes Küchenpapier einschlagen und, in einen Plastikbeutel gepackt, ins Gemüsefach legen. So hält es sich mehrere Tage frisch.

MINZTEE

Minztee wird in orientalischen Ländern rund um die Uhr getrunken. Aber auch als Gewürz findet das intensiv duftende Kraut vielfältigen Einsatz. Im Gegensatz zur immer leicht an Kaugummi erinnernden Pfefferminze wird in Nordafrika und dem Nahen Osten dafür meist hellgrüne Marokkanische Minze oder Nana-Minze verwendet. Sie enthält weniger Menthol, schmeckt dadurch weniger „minzig“. Noch intensiver als frische Minze würzt getrocknete, die in jedem türkischen Lebensmittelgeschäft zu bekommen ist.

HÜLSENFRÜCHTE

Hülsenfrüchte sind preiswert, lassen sich gut lagern und dienen daher in vielen orientalischen Ländern als Fleisch- und damit Eiweißersatz – perfekt für alle Vegetarier und Veganer hierzulande. Die Bandbreite reicht von Kichererbsen bis hin zu unterschiedlichen Bohnen- und Linsensorten, sodass immer wieder neu variiert werden kann. Je nachdem wie schnell es gehen soll oder muss, hat man die Wahl zwischen länger garenden Beluga-, LePuy- oder Berglinsen und schnellgarenden roten oder gelben Linsen – die sind nämlich bereits geschält, garen ohne Hülle nicht nur schneller, sondern sind so auch bekömmlicher. Die meisten Hülsenfrüchte gibt es praktischerweise bereits vorgegart in Dosen, vakuumverpackt oder tiefgefroren – häufig bereits in bunten, (möglichst) ungewürzten Mischungen, die hier ideal sind. Wer möchte kann auch getrocknete Hülsenfrüchte nach Packungsangabe garen, gut abtropfen lassen, trocken tupfen und dann portionsweise einfrieren – so sind sie bei Bedarf immer schnell zur Hand.

KLEINE GEWÜRZKUNDE

Wer im orientalischen Stil kochen möchte, sollte unbedingt sein Gewürzregal erweitern. Es ist gar nicht so unendlich viel Neues, aber eben doch mehr als Salz und Pfeffer, das dieser Küche die besondere Würze und etwas Pepp verleiht. Ungewohnte Kombinationen aus Chilischärfe, saurem Sumach und süßem Granatapfel eröffnen neue Aromenwelten, die uns an so viel mehr als 1001 Nacht denken lassen. Sesam öffnet sich und bringt mit Tahin, Granatapfel und Berberitze weitere bisher verborgene Schätze des Orients in unsere Küchen.

HARISSA

Diese scharfe rote Würzpaste, deren Hauptbestandteile Chilis, Knoblauch und unterschiedliche Gewürze sind, stammt aus Nordafrika, ist aber in allen arabischen Ländern und Israel weit verbreitet und sollte ganz nach dem persönlichen Schärfeempfinden dosiert werden.

ZHOUG

Die aus dem Jemen stammende Gewürzpaste erinnert an indisches Chutney und ist oft höllisch scharf – der perfekte Begleiter zu Gegrilltem oder zu Fleisch, Eiern und Sandwiches.

KREUZKÜMMEL

Kreuzkümmel, auch Kumin genannt, hat nichts mit dem bei uns bekannten Kümmel gemein. Er schmeckt leicht pfeffrig, erdig-herb und ist in der orientalischen Küche allgegenwärtig.

PUL BIBER

Pul Biber ist die türkische Bezeichnung für grob zerstoßene, getrocknete Paprika- bzw. Chilischoten. Sie sind mal mehr, mal weniger pikant, aber nie brennend scharf.

RAS EL HANOUT

Das ist eine typische Gewürzmischung mit ca. 5 verschiedenen Gewürzen, die in der Zusammensetzung je nach Händler unterschiedlich ausfallen kann. Frisch gemahlene Zimtstangen, Muskatnüsse, Kardamomkapseln, Kreuzkümmel, Pimentkörner und Chilischoten sind nur ein kleiner Teil der Gewürze, die dabei verwendet werden.

SUMACH

Säuerlich und anregend, sind die gemahlenen Früchte des Sumachstrauchs vor allem in der Türkei, Griechenland und dem Orient ein beliebtes Gewürz. Sie sind auch der rötlich farbgebende Bestandteil der klassischen Zatar-Gewürzmischung.

ZATAR

Zatar ist eine typisch orientalische Gewürzmischung und lässt sich ganz einfach selbst mischen: 4 EL gerösteter heller Sesam, 3 EL Sumach, 1 EL getrockneter Oregano, 1 EL getrockneter Thymian, ½ TL grobes Meersalz.

ORIENTALISCH GENIESSEN

MEZZE

Mezze gelten zu Recht als Inbegriff der orientalischen Gastlichkeit, bei der gemeinschaftliches Essen und lockeres Zusammensein ganz im Vordergrund stehen.. Je nach Land, Region oder Lokal werden die kleinen Häppchen in vielen kleinen Schüsselchen auf einer gemeinschaftlichen großen Platte serviert oder lose in der Mitte des Tisches platziert, damit sich die gesamte Tafelrunde bequem bedienen kann. Mezze können dabei Vorspeise und opulenter Auftakt eines mehrgängigen Essens sein. Genauso oft sind sie aber auch der einzige Menüpunkt. Jeder nimmt sich das, worauf er Lust hat ganz ungezwungen mit den Fingern oder einem Stückchen Brot, mit dem Dips oder Häppchen mit Sauce aufgenommen werden können. Bei jeder guten Mezze-Tafel ist es wichtig, dass sich Farben, Konsistenzen und Aromen der Gerichte ergänzen.

FAST FOOD

Fast Food hat es in Israel, Palästina, dem Libanon und den angrenzenden Ländern traditionell eher schwer, denn die heimische Konkurrenz für etablierte Fast-Food-Ketten ist groß und v. a. zu gut: Auf den riesigen Märkten wie z. B. dem Carmel Markt in Tel Aviv oder dem Mahane Yehuda Markt in Jerusalem bieten unzählige Stände Street Food vom Feinsten: Frisch gegrilltes Fleisch, Shawarma, Fisch oder Falafeln werden in tellergroße Brotfladen gepackt. Obenauf kommen knackige Salate, Gemüsepickles, würzige Saucen und bundweise gehackte Kräuter. Und genau deswegen stehen die Kunden hier Schlange: Sie wollen frisches und vielfältiges Essen, das rundum satt macht – den Magen und die Seele gleichermaßen. Hier ist Fast Food echtes Slow Food aus saisonalen, superaromatisch schmeckenden Zutaten, die aus dem Umland stammen.

SÜSSES

Tee oder Kaffee? Im Nahen Osten darf es beides sein. Stark gesüßter Schwarz- oder Minztee ist in vielen Regionen ebenso verbreitet wie Kaffee, der ebenfalls stark gesüßt und mit Kardamom gewürzt wird. Bei einer oder eher mehreren Tassen Kaffee oder Tee werden Geschäfte abgeschlossen, Politik verhandelt oder einfach nur geplaudert. Dazu gehört dann im Regelfall immer etwas kleines Süßes, das die Herbheit des Getränks neutralisiert. Auch zu Hause wird jedem Gast zuerst einmal Kaffee oder Tee mit etwas Gebäck oder Konfekt serviert. Das Angebot an Süßigkeiten und Desserts ist vielfältig; häufig sirupgetränkt, mit Rosen- oder Orangenblütenwasser aromatisiert und mit vielen Nüssen und Datteln zubereitet.

REZEPTE

EINGELEGTE *Frischkäsebällchen*

FÜR 4 PORTIONEN

- 1 kg griechischer Joghurt (10 % Fett)
- Salz
- ca. 500 ml Olivenöl
- 4 kleine Zweige Rosmarin
- 5 Knoblauchzehen
- 1 TL Schwarzkümmel (Nigella)
- Pul Biber oder Pfeffer zum Bestreuen (nach Belieben)

ZUBEREITUNG

1 Ein Sieb mit einem sauberen Mulltuch auslegen, sodass es an den Rändern gut überhängt. Joghurt mit ¾ TL Salz mischen, in das Tuch geben, dieses oben leicht zusammendrehen und mit einer Schnur zu einem kleinen Sack zusammenbinden. So an einem Kochlöffelstiel befestigen, den man über eine ausreichend große Schüssel hängt. In den Kühlschrank stellen und mindestens 12 Stunden, eher 1–3 Tage abtropfen lassen, bis der Joghurt zu einer getrockneten leicht krümeligen Masse geworden ist.

2 Die Hände mit etwas Olivenöl benetzen und damit aus der Joghurtmasse ca. 3 cm kleine Bällchen formen. Den Rosmarin waschen, trocken schütteln und grob zerzupfen. Knoblauch nur leicht andrücken, nicht schälen. Beides abwechselnd mit den Käsebällchen in ein sauberes, ausreichend großes Glas mit Bügelverschluss schichten und alles mit Olivenöl aufgießen, bis die Bällchen gut bedeckt sind.

3 Das Glas verschließen, in den Kühlschrank stellen und die Bällchen so mindestens 2 Tage durchziehen lassen. Sie halten gut 3 Wochen. Zum Servieren evtl. mit etwas Öl in eine Schale geben und mit Schwarzkümmel und Pul Biber bestreuen oder mit Pfeffer übermahlen.

FETA-WÜRFEL

mit Hummus

FÜR 2–4 PORTIONEN

Für die Feta-Würfel

- 100 g Feta
- 1 Ei (Größe M)
- 3 EL Mehl
- 2 EL Sesam
- 1 TL Schwarzkümmel
- 1 EL Rapsöl

Für den Hummus

- 240 g Kichererbsen (Dose)
- 1 Knoblauchzehe
- 5 getrocknete Tomaten (in Öl)
- 2 EL Tahin (Sesammus)
- 3 EL Olivenöl
- 3 EL Zitronensaft
- 1 TL gemahlener Kreuzkümmel
- Salz, Pfeffer

SO GEHT'S

1 Den Feta trocken tupfen und in mittelgroße Würfel schneiden. Das Ei in einen flachen Teller schlagen und verquirlen. In einen weiteren Teller das Mehl füllen und in einen dritten Sesam und Schwarzkümmel. Die Feta-Stückchen zuerst im Mehl wenden, dann im Ei und zuletzt im Sesam.

2 Das Öl in einer Pfanne erhitzen und die panierten Sesam-Würfel darin etwa 5 Minuten goldbraun braten. Dabei mehrfach wenden. Herausnehmen und kurz abkühlen lassen.

3 Für den Hummus die Kichererbsen abgießen, kalt abbrausen und abtropfen lassen. Knoblauch schälen. Die getrockneten Tomaten auf einem Küchenpapier abtropfen lassen.
Die Kichererbsen mit Knoblauch, Tomaten, Tahin, Olivenöl, Zitronensaft und Kreuzkümmel in einen Standmixer geben, cremig pürieren und 5–7 EL Wasser hinzugeben, bis eine homogene Masse entsteht. Mit Salz und Pfeffer abschmecken.

4 Die Sesam-Feta-Würfel zusammen mit dem Hummus servieren.

GEBACKENE

Süßkartoffeln mit Zatar

FÜR 4 PORTIONEN

- 2 Süßkartoffeln (ca. 600 g)
- 1 Knoblauchzehe
- 2 EL Olivenöl
- 1 TL Harissa
- ½ TL gemahlener Kreuzkümmel
- Salz, Pfeffer
- 2 TL Zatar (aus dem Orientladen)
- 2–3 EL gehacktes Koriandergrün

SO GEHT'S

1 Den Backofen auf 220 °C (Ober-/Unterhitze) vorheizen und ein Backblech mit Backpapier auslegen. Die Süßkartoffeln putzen, schälen, einmal längs halbieren und die Hälften längs in vier etwa gleich dicke Spalten schneiden. Knoblauch schälen und zum Olivenöl in eine Schüssel pressen. Mit Harissa und Kreuzkümmel verrühren. Die Süßkartoffeln in das Würzöl geben und gründlich darin wenden.

2 Die Kartoffelstücke auf dem Blech verteilen und mit Salz und Pfeffer würzen. Im heißen Ofen (Mitte) 25–30 Minuten garen, dabei einmal wenden. Die Süßkartoffeln aus dem Ofen nehmen und in eine Schale geben, etwas abkühlen lassen, dann mit Zatar und Koriandergrün bestreuen. Lauwarm oder kalt servieren.

VARIANTE

Die Süßkartoffeln werden besonders dekorativ, wenn man sie mit dem Spiralschneider in etwas dickere Spiralen schneidet und diese im Würzöl mariniert.

ROTE-BETE-SALAT
mit Tahin-Sauce

FÜR 2–4 PORTIONEN

Für den Salat
- 500 g Rote Bete (vakuumgegart)
- 3 EL Pistazienkerne
- 100 g Feta
- 1 Orange
- 2 Stängel Minze
- 3 EL Olivenöl
- 1 TL Honig
- 1 EL Rotweinessig
- 1 TL Senf
- ¼ TL gemahlener Koriander
- Salz, Pfeffer

Für die Tahin-Sauce
- ½ Zitrone
- 100 g Tahin (Sesammus)
- 1 TL flüssiger Honig
- Salz, Pfeffer

SO GEHT'S

1 Die Rote Bete abtropfen lassen und in ca. 2 cm große Würfel schneiden. Die Pistazien grob hacken und den Feta zerbröseln. Die Orange filetieren. Die Minze waschen, trocken schütteln und die Blättchen abzupfen.

2 Für das Dressing Olivenöl, Honig, Essig und Senf mischen. Mit Koriander, Salz und Pfeffer würzen, unter die Rote Bete mischen und in einer flachen Schüssel anrichten. Mit Orangenfilets, Pistazien, Feta und Minze belegen.

3 Für die Sauce die Zitrone auspressen. Das Tahin mit 50 ml Wasser und dem Zitronensaft vermischen, dann den Honig unterrühren. Mit Salz und Pfeffer abschmecken und über den Salat geben.

RÖSTMANDELN

mit Gewürze-Mix

FÜR 2 PORTIONEN

- 1 EL Öl zum Braten (z. B. Rapsöl)
- 1 EL Honig
- 1 ⅓ TL Zucker
- 1 EL Zitronensaft
- 1 TL gemahlener Kreuzkümmel
- ½ TL gemahlener Koriander
- 1 TL Ras el Hanout
- 2 Msp. Chilipulver
- Salz, Pfeffer
- 250 g Mandeln

SO GEHT'S

1 Den Backofen auf 160 °C (Ober- /Unterhitze) vorheizen (Umluft nicht empfehlenswert) und ein Backblech mit Backpapier auslegen. Öl, Honig, 1 TL Zucker und Zitronensaft verrühren. Die Gewürze in einer separaten Schüssel mit etwas Salz und reichlich Pfeffer mischen, dann 1 ½ TL davon unter die Ölmischung rühren.

2 Die Mandeln gründlich im Gewürzöl wenden und auf dem Blech verteilen. Anschließend etwas Gewürzmischung darüberstreuen und leicht salzen.

3 Die Mandeln im heißen Ofen (Mitte) 15–18 Minuten dunkelbraun rösten, dabei nach ca. 7 Minuten einmal durchrühren, mit der übrigen Gewürzmischung sowie dem restlichen Zucker bestreuen und weiterrösten. Am Ende gut im Auge behalten, damit die Gewürze nicht anbrennen und schwarz werden. Herausnehmen, auf dem Blech auskühlen lassen und entweder gleich genießen oder zur Aufbewahrung in eine luftdicht verschließbare Dose füllen.

BÖREK

mit Tomaten-Nuss-Füllung

FÜR 12 STÜCK

- 75 g Walnusskerne
- 100 g getrocknete Tomaten (in Öl)
- 1 TL getrocknete Minze
- Salz, Pfeffer
- Chilipulver
- 100 g Feta
- 1 Rolle Blätterteig (Fertigprodukt)
- 1 Ei (Größe M)
- 3 TL Sesam (alternativ Schwarzkümmel)

SO GEHT'S

1 Die Walnüsse in einer Pfanne ohne Fett rösten, bis sie anfangen zu duften. Anschließend zusammen mit den Tomaten in einen Standmixer geben und zu einer mittelfeinen Masse pürieren. Mit Minze, Salz, Pfeffer und 1 Prise Chilipulver abschmecken. Den Feta von Hand zerkrümeln und unter die Masse rühren.

2 Den Backofen auf 200 °C (Ober-/Unterhitze) vorheizen und ein Backblech mit Backpapier auslegen. Den Blätterteig ausrollen und in 12 Rechtecke à 10 x 8 cm schneiden.

3 Das Ei in eine Schüssel geben, mithilfe einer Gabel gründlich verquirlen und den Blätterteig mit Ei bestreichen. Pro Teigstück 1–2 EL der Füllung auf den Teig geben und mittig entlang der langen Seite verteilen. Erst die kurzen Seiten und dann die langen Seiten über die Füllung legen. Anschließend mit dem Teigrand nach unten auf dem Backblech platzieren. Mit etwas Ei bestreichen, den Sesam darüberstreuen und im heißen Ofen (Mitte) 20–25 Minuten goldbraun backen. Herausnehmen, etwas abkühlen lassen und noch lauwarm servieren.

KLASSISCHES
Tabbouleh

FÜR 2–4 PORTIONEN

- 100 g Bulgur
- ½ Bund Petersilie
- 2 Stängel Minze
- 3 Tomaten
- 2 Schalotten
- 6 EL Olivenöl
- 2 EL Zitronensaft
- Salz, Pfeffer
- ½ TL edelsüßes Paprikapulver

SO GEHT'S

1 Den Bulgur in ausreichend Wasser ca. 15 Minuten einweichen. Anschließend abgießen und abtropfen lassen. In der Zwischenzeit die Petersilie und die Minze waschen, trocken schütteln, die Blättchen abzupfen und fein hacken. Die Tomaten waschen, halbieren, Strunk entfernen und würfeln. Die Schalotten schälen und ebenfalls würfeln.

2 Kräuter, Tomaten und Schalotten mit dem Bulgur in eine große Schüssel geben und alles gründlich vermischen. Mit Olivenöl, Zitronensaft, Salz, Pfeffer und Paprikapulver gewürzt, servieren.

ROTE-BETE-
Hummus-Baguette

FÜR 4 PORTIONEN

- 1 Dose Kichererbsen (400 g Füllgewicht)
- 300 g Rote Bete (vakuumgegart)
- Salz, Pfeffer
- Olivenöl
- gemahlener Kreuzkümmel
- 1 Handvoll Rucola
- 2 Baguette-Brötchen oder 1 Baguette

SO GEHT'S

1 Die Kichererbsen abgießen, kalt abbrausen und abtropfen lassen. Dann 200 g Rote Bete zusammen mit drei Viertel der Kichererbsen und etwas Salz und Pfeffer in einen Standmixer geben und pürieren. Anschließend etwas Olivenöl zugießen und erneut mixen und so lange den Vorgang wiederholen, bis eine cremige Hummusmasse entstanden ist.

2 In einer Pfanne etwas Öl erhitzen und die restlichen Kichererbsen mit 1 Prise Kreuzkümmel knusprig anbraten. Währenddessen die übrige Rote Bete in Scheiben schneiden. Den Rucola verlesen, waschen und trocken schütteln.

3 Die Baguettebrötchen bzw. das Baguette längs aufschneiden und Baguette-Boden und -Deckel mit dem Rote-Bete-Hummus großzügig bestreichen und mit dem Rucola, den Rote-Bete-Scheiben und den knusprigen Kichererbsen belegen. Dann die Brötchen zusammenklappen und genießen.

EASY
Falafel

FÜR 12 STÜCK

- 1 Dose Kichererbsen (400 g Füllgewicht)
- 1 EL Leinsamenmehl
- 1 kleine Zwiebel
- 1 Knoblauchzehe
- 2 EL Olivenöl
- 15 g Koriandergrün
- 15 g Petersilie
- 1 ½ TL gemahlener Kreuzkümmel
- 2 Msp. Chilipulver
- Saft von ½ Zitrone
- 1 EL Tahin (Sesammus)
- Salz, Pfeffer

SO GEHT'S

1 Den Backofen auf 220 °C Ober-/Unterhitze (Umluft 200 °C) vorheizen und ein Backblech mit Backpapier auslegen.
Die Kichererbsen abgießen, dabei das Einweichwasser auffangen, und die Kichererbsen abtropfen lassen.

2 Das Mehl mit 6–8 EL Wasser mithilfe eines Schneebesens glatt rühren und ca. 15 Minuten quellen lassen.

3 Zwiebel und Knoblauch schälen und grob hacken. 1 EL Olivenöl in einer kleinen beschichteten Pfanne erhitzen und darin Zwiebel und Knoblauch goldgelb andünsten. Vom Herd nehmen und leicht abkühlen lassen.

4 Inzwischen Koriandergrün und Petersilie waschen, trocken schütteln und mit den Stielen grob hacken. Die Kräuter mit Kichererbsen, Zwiebel-Knoblauch-Mischung, Gewürzen, Zitronensaft und Tahin in einem Standmixer fein pürieren.
Falls die Masse zu trocken ist, noch etwas Einweichwasser von den Kichererbsen zugeben und erneut aufmixen. Das gequollene Leinsamenmehl gründlich unter die pürierte Masse rühren und alles mit etwas Salz und Pfeffer würzen.

5 Aus der Masse 12 Bällchen formen, leicht andrücken, sodass sie zu flachen Talern werden, auf das Backblech legen und rundum mit dem übrigen Olivenöl bepinseln. Die Falafel im heißen Ofen (Mitte) 25–30 Minuten backen, dabei ein- bis zweimal wenden.
Herausnehmen und etwas abkühlen lassen. Dazu passt ein bunter Salat (z. B. S. 20) oder das Tabbouleh von S. 26.

SABBICH

israelisches Pita-Sandwich

FÜR 4 PORTIONEN

- 2 Auberginen
- 4 Eier (Größe M)
- 3 EL Tahin (Sesammus)
- 6 TL Zitronensaft
- 2 Knoblauchzehen
- Salz, Pfeffer
- Olivenöl zum Braten
- 2 Eiertomaten
- 1 kleine Salatgurke
- 1 rote Zwiebel (alternativ 1 Schalotte)
- 1 EL gehackte Petersilie
- 2 EL Olivenöl
- 1 TL Sumach (aus dem Orientladen)
- 1 große Avocado
- 4 EL scharfes Mangopickle (aus dem Asienladen)
- 4–6 flache Pitataschen (Fertigprodukt)
- 2–3 EL Zhoug (aus dem Orientladen)

SO GEHT'S

1 Die Auberginen putzen, waschen und quer in ca. 1 cm dicke Scheiben schneiden, in ein Sieb legen, salzen und ca. 20 Minuten Wasser ziehen lassen. Währenddessen in einem Topf mit ausreichend Wasser die Eier etwa 8 Minuten hart kochen, kalt abschrecken und abkühlen lassen, anschließend schälen und in Scheiben schneiden. Das Tahin mit 3 TL Zitronensaft und etwa 6–8 EL Wasser verrühren, sodass eine leicht flüssige Creme entsteht. Knoblauch schälen und 1 Zehe dazupressen. Mit Salz und Pfeffer würzen.

2 Die Auberginenscheiben kalt abbrausen und gut trocken tupfen. Übrigen Knoblauch fein würfeln. In einer beschichteten Pfanne reichlich Öl erhitzen, darin die Auberginen bei mittlerer bis großer Hitze 6–8 Minuten beidseitig braten. Gegen Garzeitende den Knoblauch zugeben und kurz mitbraten. Die Auberginen salzen und pfeffern, herausnehmen und auf Küchenpapier abtropfen lassen.

3 Die Tomaten waschen und in knapp 1 cm große Würfel schneiden. Gurke putzen, schälen und ebenfalls ca. 1 cm groß würfeln. Zwiebel schälen und grob würfeln. Alles mit der Petersilie in eine Schüssel geben, mit 2 TL Zitronensaft, Olivenöl, Sumach, Salz und Pfeffer würzen und durchmischen. Avocado längs halbieren, Kern entfernen, schälen, Fruchtfleisch in Scheiben schneiden und sofort mit dem übrigem Zitronensaft mischen. Mangopickle mit 3–4 EL Wasser in einem Standmixer fein pürieren.

4 Die Pitataschen nach Packungsanweisung aufbacken und leicht abkühlen lassen. In die Öffnung der Taschen die Auberginen- und Avocadoscheiben packen und Tahinsauce darüberträufeln, darauf Eierscheiben und Salat geben und alles nach Belieben mit der Mangosauce und Zhoug beträufeln.

KEBAB-
Spieße

FÜR 2–4 PORTIONEN

- 40 g Rosinen
- 1 Zwiebel
- 3 Stängel Petersilie
- 2 EL Tomatenmark
- 400 g Lammhackfleisch (alternativ Rinderhack)
- 2 EL edelsüßes Paprikapulver
- 1 TL gemahlener Kreuzkümmel
- 1 TL gemahlener Zimt
- Salz, Pfeffer
- Rapsöl

Außerdem

- 8 Schaschlikspieße (aus Holz)

SO GEHT'S

1 Die Rosinen fein hacken. Die Zwiebel schälen und sehr fein würfeln. Die Petersilie waschen, trocken schütteln, die Blättchen abzupfen und ebenfalls fein hacken.

2 Die Rosinen mit Zwiebelstückchen, Petersilie und Tomatenmark unter das Hackfleisch kneten. Mit Paprikapulver, Kreuzkümmel, Zimt, Salz und Pfeffer würzen.

3 8 Schaschlickspieße mindestens 30 Minuten in kaltem Wasser einweichen. Dann die Hackfleischmasse achteln, zu langen Würsten formen, auf die Spieße stecken und leicht andrücken.

4 In einer Pfanne etwas Öl erhitzen und die Fleisch-Spieße darin 5–8 Minuten rundum anbraten. Anschließend aus der Pfanne nehmen und servieren.

ZUCCHINI-TALER

mit Schafskäse-Creme

FÜR 4 PORTIONEN

Für die Zucchini-Taler

- 3–4 kleine, feste Zucchini (ca. 300 g) – Salz
- 1 Zwiebel
- 1 Knoblauchzehe
- je ½ Bund Dill und Petersilie
- 3 Zweige Minze
- 3 Eier (Größe M)
- Rapsöl
- 100 g Feta – 3 EL Mehl
- Pfeffer
- ¼ TL gemahlener Piment
- ½ TL gemahlener Kreuzkümmel

Für die Creme

- 400 g griechischer Joghurt (10 % Fett)
- 100 g Feta
- 1 Knoblauchzehe – Salz
- je 5 Zweige Petersilie und Dill
- 2 Zweige Minze
- 60 g Portulak
- Pfeffer – Chiliflocken
- 1–2 Spritzer Zitronensaft

SO GEHT'S

1 Die Zucchini putzen, waschen und grob raspeln. Zucchiniraspel in ein Sieb geben, mit 1 guten Prise Salz mischen und ca. 15 Minuten Wasser ziehen lassen. Danach gründlich mit den Händen auspressen, damit so viel Wasser wie möglich austreten kann.

2 Währenddessen Zwiebel und Knoblauch schälen und fein hacken. Kräuter waschen, trocken schütteln, Blättchen abzupfen und fein hacken. Eier in einer Schüssel verquirlen.
In einer beschichteten Pfanne 2–3 EL Öl erhitzen, Zwiebel und Knoblauch darin andünsten. Vom Herd nehmen und zu den Eiern geben. Kräuter und Zucchiniraspel zu den Eiern geben.
Feta trocken tupfen, mit einer Gabel zerbröckeln und mit dem Mehl unter die Eiermasse rühren. Mit Salz, Pfeffer, Piment, und Kreuzkümmel würzen. In einer Pfanne eine ca. 5 mm hohe Schicht Öl erhitzen. Je 1 EL von der Zucchinimasse abnehmen, hineingeben und leicht flach drücken. Die Zucchini-Taler bei mittlerer Hitze beidseitig jeweils 2–3 Minuten knusprig braun backen. Herausnehmen und auf Küchenpapier abtropfen lassen.

3 Ein (Spitz-)Sieb mit einer großen Kaffeefiltertüte oder einem sauberen Mulltuch auslegen. Joghurt hineingeben, Sieb über eine Schüssel hängen und Joghurt so 1 Stunde abtropfen lassen.

4 Inzwischen Feta trocken tupfen und mit einer Gabel zerbröckeln. Knoblauch schälen und hacken, dann mit der flachen Seite einer Messerklinge zusammen mit 1 Prise Salz fein zerdrücken und zum Feta geben. Kräuter und Portulak waschen, trocken schütteln, Blättchen abzupfen und grob hacken.

5 Den Joghurt mit Feta verrühren. Mit Salz, Pfeffer, Chiliflocken und Zitronensaft würzen, dann Kräuter und Portulak unterheben. Möglichst noch 30 Minuten im Kühlschrank durchziehen lassen.

MUSAKHAN –
Zatar-Hähnchenkeulen

FÜR 4 PORTIONEN

- 6 Hähnchenkeulen
- 5 EL Butter, plus etwas mehr zum Braten
- 2 rote Zwiebeln
- 2 Knoblauchzehen
- 2 Orangen
- 3 EL Olivenöl
- ½ TL gemahlener Zimt
- ½ TL gemahlener Kreuzkümmel
- ⅓ TL gemahlener Piment
- ⅓ TL gemahlener Kardamom
- 1 TL Sumach (aus dem Orientladen)
- Salz, Pfeffer
- 150 ml Hühnerbrühe
- 2 EL Pinienkerne
- 1–1 ½ EL Zatar (aus dem Orientladen)

SO GEHT'S

1 Den Backofen auf 200 °C (Ober-/Unterhitze) vorheizen und ein Backblech mit Backpapier auslegen. Die Hähnchenkeulen kalt abwaschen und trocken tupfen. Etwa die Hälfte der Butter in 6 gleich große Stückchen schneiden. An den Hähnchenkeulen mit den Fingern die Haut leicht vom Fleisch lösen und jeweils 1 Stückchen Butter unter die Haut schieben. Die restliche Butter mit den Fingern breitflächig auf dem Fleisch verteilen.

2 Die Zwiebeln schälen und längs in feine Streifen schneiden. Knoblauch ebenfalls schälen und in ein Schälchen pressen. Die Orangen auspressen. 4 EL Orangensaft mit Knoblauch, Olivenöl und den gemahlenen Gewürzen, etwa 1 EL Salz und reichlich Pfeffer mischen.

3 Die Hähnchenkeulen rundum mit dem Würzöl bepinseln. Zwiebeln im restlichen Öl wenden und mit den Hähnchenkeulen (mit Hautseite nach oben) auf dem Blech verteilen. Übrigen Orangensaft und Brühe zugießen und das Fleisch im heißen Ofen (Mitte) ca. 30 Minuten garen, dabei ein- bis zweimal mit ausgetretener Garflüssigkeit bepinseln.

4 Inzwischen etwas Butter in einem Pfännchen schmelzen, darin die Pinienkerne goldbraun rösten, mit einem Schaumlöffel herausheben, auf Küchenpapier geben und salzen. Das Zatar in die Butter einrühren und möglichst gleichmäßig über die Hähnchenkeulen und Zwiebeln träufeln (oder noch besser: mit dem Backpinsel auftupfen).

5 Die Keulen in weiteren 5–10 Minuten fertig garen. Sie sind gar, sobald klarer Bratensaft austritt, wenn man sie am Gelenk mit einem spitzen Messer einsticht. Die fertigen Keulen mit Pinienkernen bestreuen und servieren.

RINDFLEISCH-
Dattel-Tajine

FÜR 4 PORTIONEN

- 700 g Rindergulasch
- 2 Zwiebeln
- 100 g Butter
- 1 TL Ras el Hanout
- 1 Zimtstange
- 3 EL Honig
- 50 g Datteln
- 50 g Rosinen
- 2 TL Sesam
- 50 g blanchierte Mandeln

Außerdem

- 1 Tajine-Topf

SO GEHT'S

1 Das Rindfleisch kalt abspülen, trocken tupfen und in mundgerechte Stücke schneiden. Die Zwiebeln schälen und grob hacken.

2 Die Butter in die Tajine geben und erhitzen. Das Fleisch mit Ras el Hanout würzen und in die Tajine geben. Die Zwiebeln mit der Zimtstange hinzufügen, 500 ml Wasser zugießen und alles bei mittlerer Hitze etwa 50 Minuten schmoren lassen. Dann den Honig unterrühren, Datteln und Rosinen im Ganzen unterheben und ca. 10 Minuten weiterköcheln lassen.

3 In der Zwischenzeit den Sesam und die Mandeln in einer beschichteten Pfanne ohne Fett kurz rösten, bis sie duften. Dann herausnehmen und kurz abkühlen lassen.

4 Die Zimtstange aus dem Fleisch entfernen und die Tajine, mit Sesam und Mandeln bestreut, servieren.

TIPP

Vor dem Schmoren müssen die Tajine, ein aus Lehm gebranntes Schmorgefäß ursprünglich aus Marokko, und auch der Deckel des Topfes immer gut gewässert werden. Beim allerersten Benutzen sollte man die Tajine etwa 2 Stunden in kaltes Wasser legen und anschließend mit etwas Olivenöl einölen. Beim ersten Kochvorgang sollte man die Tajine gut erhitzen, damit sie versiegelt wird und sich die sogenannte Patina bildet. Nach der ersten Benutzung genügt es, die Tajine immer vor dem Kochen ca. 10 Minuten zu wässern.

STAUB

KLASSISCHES
Shakshuka

FÜR 4 PORTIONEN

- 2 rote Paprika
- 1 große Zwiebel
- 2 Knoblauchzehen
- 4 EL Olivenöl
- Salz, Pfeffer
- 1 EL Tomatenmark
- 1–3 EL Harissa
- 2 Dosen stückige Tomaten (à 400 g Füllgewicht)
- 1 TL gemahlener Kreuzkümmel
- ½ TL gemahlener Koriander
- ½ TL Honig
- 4 Eier (Größe M)
- 120 g Feta
- 1 kleines Bund Koriandergrün

SO GEHT'S

1 Die Paprika längs halbieren, putzen, waschen und in ca. 1 cm große Würfel schneiden. Zwiebel und Knoblauch schälen und fein würfeln. In einer beschichteten Pfanne das Olivenöl erhitzen, Paprika hineingeben, leicht salzen, pfeffern und unter Rühren 2–3 Minuten bei großer Hitze braten, dann Zwiebel und Knoblauch zugeben und bei mittlerer Hitze weitere 3–4 Minuten braten, bis die Zwiebeln goldgelb und die Paprika weicher werden.

2 Tomatenmark und Harissa zugeben und etwa 1 Minute unter Rühren mit anrösten. Dann die Tomaten aus der Dose zügig zugeben und gründlich unterrühren. Mit Kreuzkümmel, Koriander und nochmals Salz und Pfeffer würzen. Alles offen bei mittlerer Hitze 15–20 Minuten garen, bis die Sauce leicht sämig und etwas dicker einkocht. Mit Honig abschmecken.

3 Mit der runden Seite eines Esslöffels, gleichmäßig versetzt, 4 Mulden in die Sauce drücken. Die Eier aufschlagen und einzeln jeweils vorsichtig in je eine Mulde gleiten lassen, sodass das Eigelb noch ganz bleibt. Die Eier leicht salzen und pfeffern. Am besten mit einem Deckel (oder Alufolie) zugedeckt, nochmals 10–12 Minuten bei kleiner bis mittlerer Hitze garen, bis die Eier gestockt sind – dabei sollte das Eigelb flüssig bleiben.

4 Währenddessen den Feta trocken tupfen und grob zerbröckeln. Das Koriandergrün waschen, trocken schütteln, die Blättchen abzupfen und grob hacken. Das Shakshuka vom Herd nehmen und mit dem Feta bestreuen. Kurz ziehen lassen, dann mit übrigem Koriandergrün bestreuen und mit Fladenbrot zum Dippen und Löffeln servieren.

BAKLAVA

mit Pistazien

FÜR 4 PORTIONEN

Für den Teig

- 150 g Walnusskerne
- 75 g Pistazienkerne
- 100 g Haselnusskerne
- 1½ TL gemahlener Zimt
- 60 g brauner Zucker
- 75 g weißer Zucker
- 3 Rollen Blätterteig (Fertigprodukt)

Für den Sirup

- 1 EL Zitronensaft
- 50 g Honig

Außerdem

- 1 rechteckige Backform (40 x 24 cm)

SO GEHT'S

1 Den Backofen auf 200 °C (Ober-/Unterhitze) vorheizen und die Backform mit Backpapier auslegen.

2 Die Nüsse zusammen mit dem Zimt in einen leistungsstarken Standmixer geben und so lange zerkleinern, bis die Nüsse relativ fein sind (ein paar größere Stücke dürfen noch dabei sein). Die Nüsse dann mit dem Zucker vermengen.

3 Den Blätterteig ausrollen und den Boden der Form damit auslegen. Die Hälfte der Nussmischung gleichmäßig darauf verteilen. Einen zweiten Blätterteig daraufgeben und die restliche Nussmischung darauf verteilen. Abschließend einen weiteren Blätterteig daraufgeben und diesen etwas festdrücken. Die Baklava im heißen Ofen (Mitte) 25–30 Minuten backen. Die Oberfläche sollte leicht bräunen.

4 In der Zwischenzeit 125 ml Wasser zusammen mit dem Zitronensaft und dem Honig in einen Topf geben, unter Rühren aufkochen und dann bei mittlerer Hitze köcheln lassen, bis der Sirup etwas eingedickt ist. Die Baklava aus dem Ofen holen, ca. 15 Minuten abkühlen lassen, dann in Stücke schneiden und den Sirup darübergeben. Am besten noch lauwarm genießen.

GRIESSKUCHEN

mit Joghurt und Feigen

FÜR 4 PORTIONEN

Für den Teig

- 350 g Zucker
- 5–6 EL Orangenblütenwasser (nach Belieben)
- 500 g Hartweizengrieß
- 1 Pck. Backpulver
- Salz
- 1 TL gemahlener Zimt
- 5 Eier (Größe M)
- 500 g Joghurt (3,8 % Fett)
- abgeriebene Schale von 1 Bio-Orange
- 150 g Butter

Für das Topping

- 8 Feigen – 1 Granatapfel
- 100 g Walnusskerne
- 750 g griechischer Joghurt (10 % Fett)
- 2 Pck. Vanillezucker
- 5–6 EL frisch gepresster Orangensaft
- 5–6 EL flüssiger (Orangen-)Blütenhonig

Außerdem

- 1 Backform (ca. 28 x 25 cm)

SO GEHT'S

1 Für den Kuchen in einem Topf 600 ml Wasser und den Zucker unter Rühren aufkochen lassen. Anschließend ca. 10 Minuten offen bei großer Hitze zu einem wässrigen Sirup einkochen lassen. Vom Herd nehmen und nach Wunsch das Orangenblütenwasser unterrühren, dann zum Abkühlen beiseitestellen.

2 Inzwischen den Backofen auf 175 °C Ober-/Unterhitze (150 °C Umluft) vorheizen. Den Grieß mit Backpulver, ¼ TSalz und Zimt mischen. Eier, Joghurt und Orangenschale glatt rühren. Die Butter in einem Topf schmelzen. Mit ein wenig davon die Backform (ca. 28 x 25 cm) auspinseln, den Rest unter die Ei-Joghurt-Masse rühren. Die Grießmischung zugeben und alles vermischen. Teig in die Form füllen und im heißen Ofen (Mitte) ca. 45 Minuten goldbraun backen.

3 Den Kuchen aus dem Ofen nehmen, 1 Minute abkühlen lassen, dann noch in der Form sofort mit dem Sirup begießen – dazu den Sirup portionsweise auf den Kuchen geben und jede Lage gut einsickern lassen, bevor die nächste Portion folgt. Anschließend den Kuchen vollständig abkühlen lassen.

4 Für das Topping die Feigen waschen und quer in Scheiben schneiden. Den Granatapfel längs halbieren und die Kerne herauslösen (Achtung: Es spritzt sehr und Granatapfelsaft kann hartnäckige Flecken hinterlassen. Die Walnüsse grob hacken.

5 Den Joghurt mit dem Vanillezucker und 5–6 EL Orangensaft glatt rühren, dann auf dem Kuchen verteilen. Die Feigen und die Granatapfelkerne auf dem Joghurt verteilen, den Kuchen mit Walnüssen bestreuen und mit Honig beträufeln.

MINZ-JOGHURT-
Parfaits

FÜR 4 PORTIONEN

- 1 Salatgurke
- ½ Bund Minze
- 500 g griechischer Joghurt (10 % Fett)
- Salz, Pfeffer
- 200 g Kichererbsen (Dose)
- 50 g Rosinen

SO GEHT'S

1 Die Gurke putzen, waschen und fein raspeln. Die Gurkenraspel in ein sauberes Mull- oder Küchentuch geben, oben leicht zusammendrehen und mit den Händen gut die Feuchtigkeit aus den Raspeln herausdrücken.

2 Die Minze waschen, trocken schütteln, die Blättchen abzupfen und grob hacken. Den Joghurt mit Salz und Pfeffer würzen.

3 Gurkenraspel, Kichererbsen, Rosinen, Joghurt und Minze abwechselnd in kleine Gläser schichten und mit einer Joghurt-Minz-Schicht abschließen. Zum Servieren kühl stellen.

TIPP

Für etwas Crunch können noch ein paar gehackte Nüsse (z. B. Walnüsse) hinzugegeben werden. Diese einfach mit den anderen Zutaten schichten und nach Belieben oben als Topping einsetzen.

FRENCH TOAST
mit Ananas

FÜR 2–4 PORTIONEN

Für den French Toast
- 250 ml Kokosmilch (Dose)
- 4 Eier (Größe M)
- ½ Vanilleschote
- 5 EL Zucker
- 1 EL Rum (nach Belieben)
- 6 Scheiben Weißbrot mit Rinde (3 cm dick, am besten vom Vortag)
- Kokosöl

Für die Ananas
- 1 kleine Ananas (ca. 750 g)
- ½ Vanilleschote
- 2 EL Butter
- 3 EL Zucker
- 2 EL Rum
- 2 Spritzer Limettensaft

Außerdem
- 250 g griechischer Joghurt (10 % Fett)
- abgeriebene Schale von ½ Bio-Limette
- 2 EL gehackte Pistazienkerne

SO GEHT'S

1 Die Kokosmilch mit den Eiern in eine Schüssel geben. Vanilleschote längs halbieren, das Mark herauskratzen und mit 2 EL Zucker, und nach Wunsch mit dem Rum, in die Schüssel geben. Alles mit dem Schneebesen verquirlen. Brotscheiben in eine breite Schale oder Auflaufform mit höherem Rand dicht an dicht legen. Eiermilch gleichmäßig über das Brot gießen, die Scheiben gut hineindrücken und 6–12 Stunden (idealerweise über Nacht) im Kühlschrank ziehen lassen, wenn möglich, dabei noch ein- bis zweimal wenden.

2 Den Backofen auf 200 °C Ober-/Unterhitze (180 °C Umluft) vorheizen und ein Backblech mit Backpapier auslegen. In einer beschichteten Pfanne reichlich Kokosöl erhitzen. Den übrigen Zucker auf die Brotscheiben streuen und diese mit der gezuckerten Seite nach unten im heißen Öl goldbraun braten. Die obere Brotseite mit Zucker bestreuen, die Scheiben wenden und auf der anderen Seite ebenfalls goldbraun braten. Auf das Backpapier legen und im heißen Ofen ca. 15 Minuten backen, bis sie fluffig aufgegangen sind.

3 Die Ananas vierteln, Schale und den Strunk entfernen, Viertel nochmals halbieren und quer in Stückchen schneiden, dabei den Saft auffangen. Vanilleschote längs halbieren und das Mark herauskratzen. Butter in einer beschichteten Pfanne schmelzen, die Ananasstücke hinzugeben und bei mittlerer Hitze anbraten. Den Zucker darüberstreuen und hellbraun karamellisieren lassen, dabei einige Male umrühren. Vanillemark, Rum und den aufgefangenen Ananassaft zugeben und alles 1–2 Minuten köcheln lassen. Vom Herd nehmen und mit Limettensaft abschmecken.

4 Die Toastscheiben aus dem Ofen nehmen und auf Teller verteilen. Joghurt glatt rühren und dazugeben, mit der lauwarmen Ananas garnieren. Alles mit Limettenschale und Pistazien bestreuen.

MAROKKANISCHER
Orangenkuchen

FÜR 4–6 PORTIONEN

Für den Teig
- 2 Bio-Orangen
- 1 Zitrone
- 200 g gemahlene Mandeln
- 200 g Zucker
- 2 TL Backpulver
- 4 Eier (Größe M)
- 200 ml Rapsöl

Für den Sirup
- 2 Orangen
- 100 g Zucker
- 1 Zimtstange

Außerdem
- 1 Springform (24 cm Durchmesser)
- Butter
- gehobelte Mandeln

SO GEHT'S

1 Den Backofen auf 160 °C (Umluft) vorheizen und die Springform mit etwas Butter einfetten. Die Orangen heiß waschen, trocken reiben, die Schale fein abreiben und den Saft auspressen. Die Zitrone auspressen.

2 Mandeln, Zucker und Backpulver in einer großen Schüssel vermengen. Die Eier mit einem Handrührgerät schaumig schlagen, zur Mandel-Mischung geben und verrühren. Orangensaft, Öl und Zitronensaft hinzugeben und nochmal alles verrühren. Anschließend die abgeriebene Orangenschale hinzufügen und gut unterheben. Den Teig in die Springform füllen und im heißen Ofen (Mitte) ca. 40 Minuten backen.

3 In der Zwischenzeit für den Sirup die Orangen auspressen. Orangensaft, Zucker und Zimtstange in einen Topf geben und aufkochen lassen, dann bei mittlerer Hitze köcheln lassen, bis sich der Zucker vollständig aufgelöst hat. Anschließend die Zimtstange entfernen.

4 Den Kuchen aus dem Ofen nehmen und in der Form etwas abkühlen lassen. Dann mit einem Zahnstocher mehrere kleine Löcher in den Kuchen stechen und diesen mit dem Sirup übergießen. Etwas warten, bis der Sirup eingezogen ist.

5 Währendessen in einer beschichteten Pfanne ohne Fett die gehobelten Mandeln von beiden Seiten rösten, bis sie duften. Dann herausnehmen und den Kuchen, damit bestreut, servieren.

ARABISCHER
Kaffee mit Kardamom

FÜR 4 PORTIONEN

- 4 TL gemahlener Kaffee
- 4 TL Zucker
- 2–3 Msp. gemahlener Kardamom

SO GEHT'S

1 200 ml Wasser in die Kaffeekanne füllen (alternativ einen kleinen Topf verwenden). Kaffeepulver, Zucker und Kardamom hinzufügen, vorsichtig umrühren und erhitzen.

2 Sobald der Kaffee zu kochen beginnt und Schaum entsteht, diesen vom Herd nehmen. Mit einem Löffel etwas von dem Schaum auf vier Tassen verteilen. Dann die Kanne zurück auf den Herd stellen, nochmals erhitzen, aber nicht aufkochen. Erneut vom Herd nehmen und etwas warten, bis sich der Kaffee am Boden der Kanne abgesetzt hat. Anschließend den Kaffee vorsichtig in die Tassen füllen, um die Schaumkrone zu erhalten, und genießen.

TIPP

In Syrien wird der Kaffee meist sehr süß („hilweh") zubereitet, das heißt, man verwendet ebenso viel Zucker wie Kaffeepulver.

MAROKKANISCHER *Minztee*

FÜR 4 PORTIONEN

- 30 g Minzblättchen
- 15 g grüne Teeblätter
- 60 g Zucker

SO GEHT'S

1 1,25 l Wasser zum Kochen bringen. Die Minzblättchen waschen. ⅔ der Minzblätter und grüne Teeblätter mit 250 ml kochendem Wasser übergießen, 1 Minute ziehen lassen und abseihen.

2 Die abgeseihten Minz- und Teeblätter in eine Teekanne geben, den Zucker hinzufügen und mit dem restlichem heißen Wasser übergießen. Den Tee 3–5 Minuten ziehen lassen, umrühren und durch ein Sieb auf vier Gläser verteilen.
Mit den übrigen Minzblättchen servieren.

TIPP

Bei einem traditionellen „Tee-Ritual" wird der Tee mehrmals aus den Gläsern wieder in die Kanne gegossen. So wird der Zucker perfekt verteilt und in den Gläsern entsteht ein herrlicher Tee-Zucker-Schaum. Auch eiskalt mit frischer Zitrone und Eiswürfeln, verfeinert mit etwas Anis, schmeckt der Minztee köstlich.

AYRAN

türkischer Joghurt-Drink

FÜR 1 PORTION

- 150 g Joghurt (3,5 % Fett)
- Salz
- 1 Knoblauchzehe (nach Belieben)

SO GEHT'S

1 In einem hohen Gefäß den Joghurt mit 150 ml Wasser verrühren und mit 1 Prise Salz würzen. Den Knoblauch schälen und dazupressen. Anschließend die Mischung mit einem elektrischen Handrührgerät schaumig aufschlagen. Die Flüssigkeit in ein Glas oder eine Tasse füllen und direkt servieren.

TIPP

Man kann auch Joghurt und Wasser im Verhältnis von 2:1 mischen, also z. B. 200 g Joghurt mit 100 ml Wasser. So schmeckt der Ayran etwas milder und nicht so säuerlich.

ANIS-ZIMT-
Cocktail

FÜR 4 PORTIONEN

- 1 Bio-Clementine (alternativ 1 Bio-Mandarine)
- 100 g Zucker
- 10 Sternanis
- 2 Zimtstangen
- 250 ml Zitronensaft
- 250 ml Orangenlikör
- 250 ml Orangenlimonade

SO GEHT'S

1 Die Clementine heiß abwaschen, trocken reiben und von der Schale mit einem Messer oder Sparschäler feine Streifen abziehen.

2 Den Zucker mit 250 ml Wasser, Anis, Zimtstangen und Clementinen-Schale in einen Topf geben und aufkochen lassen. Unter Rühren so lange bei mittlerer Hitze köcheln lassen, bis sich der Zucker vollständig aufgelöst hat und die Masse zu einem Sirup andickt. Dann vom Herd nehmen, etwas abkühlen lassen, Anis, Clementinen-Schale und Zimtstangen entfernen und den Sirup im Kühlschrank auskühlen lassen.

3 Den gekühlten Sirup in eine Karaffe geben und mit Zitronensaft, Orangenlikör und Orangenlimonade auffüllen.

TIPP

Der Sirup hält sich mindestens 1 Woche im Kühlschrank.

GRANATAPFEL-
Saft

FÜR 4 PORTIONEN

- 5 mittelgroße Granatäpfel (für ca. 500 ml Saft)
- 5 EL Puderzucker
- Saft von 2 Zitronen
- 1 EL Rosenwasser
- 9–12 Eiswürfel

SO GEHT'S

1 Aus den Granatäpfeln die Kerne auslösen (siehe Tipp) und den Saft durch ein Sieb filtern.

2 Den Puderzucker im Zitronensaft auflösen und mit dem Granatapfelsaft und dem Rosenwasser glatt verrühren.

3 Die Eiswürfel auf Gläser verteilen und die süße Granatapfel-Mischung darübergießen.
Wem der Saft zu süß ist, der kann ihn mit kaltem Wasser nach Geschmack verdünnen.

TIPP

Um Granatapfelkerne auszulösen, zuerst den Granatapfel mit einem scharfen Messer halbieren, dann in eine große Schüssel mit kaltem Wasser legen und in Stücke brechen. Jetzt lassen sich die Kerne ganz leicht und ohne Spritzer lösen.

IMPRESSUM

Bibliografische Information der Deutschen Bibliothek.

Die Deutsche Bibliothek verzeichnet diese Publikation in der Deutschen Nationalbibliografie.

Detaillierte bibliografische Daten sind im Internet über http://www.dnb.de/ abrufbar.

EIN BUCH DER EDITION MICHAEL FISCHER

1. Auflage 2021

Covergestaltung: Paul Schaffrath

Layout: Silvia Keller & Yvonne Witzan

Projektleitung und Redaktion: Diana Jedrzejewski

Satz: Zoe Mitterhuber

Bilder: Tina Bumann, Stetten: S. 15, 47, 51; Maria Panzer, Offenburg, S. 17, 19, 21, 27, 33, 35, 37, 39, 43; Tanja Major, Geiselhöring: S. 23; Klaus-Maria Einwanger, Rosenheim: S. 31; Patrick Rosenthal: S. 29, 41, 49, 53, 57, 61, Künzell; Ilya Shapovalov, Düsseldorf, S. 55, 59, 63; Janina Lechner, Herrieden: S. 25, 45

Rezepte: Tanja Dusy: S. 14 18, 22, 30, 32, 36, 38, 42; Maria Panzer: S. 16, 20, 26, 34; Janina Lecher: S. 24, 44; Patrick Rosenthal: S. 28, 40, 48, 52, 56, 60; Tanja Dusy und Inga Pfannebecker: S. 46, 50; Fadi Alauwad: S. 54, 58, 62

Texte Grundlagenteil: S. 6, 7, 8, 10: Tanja Dusy

ISBN 978-3-7459-0240-2

Gedruckt bei Polygraf Print, Čapajevova 44, 08001 Prešov, Slowakei

www.emf-verlag.de

Le bibliobus

4 œuvres complètes

CM
cycle 3

Le chat botté
de Charles Perrault

La clé de la cassette
THÉÂTRE
de Bernard Gallent

L'oiseau bleu
de Madame d'Aulnoy

Un drôle d'ange gardien
B. D.
de Denis-Pierre Filippi et Sandrine Revel

Notes de **Pascal Dupont**
Formateur
IUFM Midi-Pyrénées

HACHETTE
Éducation

« Le chat botté », extrait des *Histoires ou Contes du temps passé (Contes de ma mère l'Oye)* (1697) de Charles Perrault (1628-1703).
La clé de la cassette, texte inédit de Bernard Gallent.
« L'oiseau bleu », version abrégée extraite des *Contes des fées* (1698) de Marie-Catherine, baronne d'Aulnoy, née Le Jumel de Barneville (1650-1705).

ISBN : 2.01.11.7325.6

43 quai de Grenelle 75905 Paris cedex 15
www.hachette-education.com